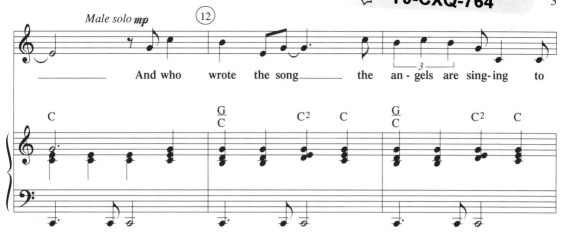

And who wrote the song___ the an-gels are sing-ing to

wel-come this pre-cious sight?_____ Who

sche-duled this ho - ly mo-ment in time long be-fore time be-gan?_

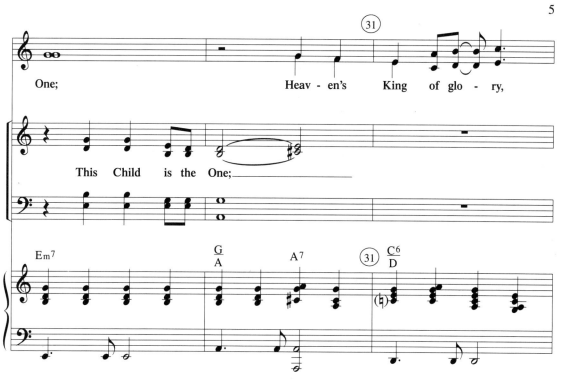

6

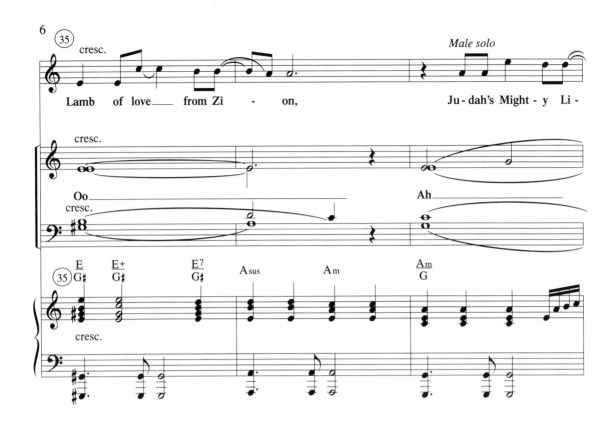

7

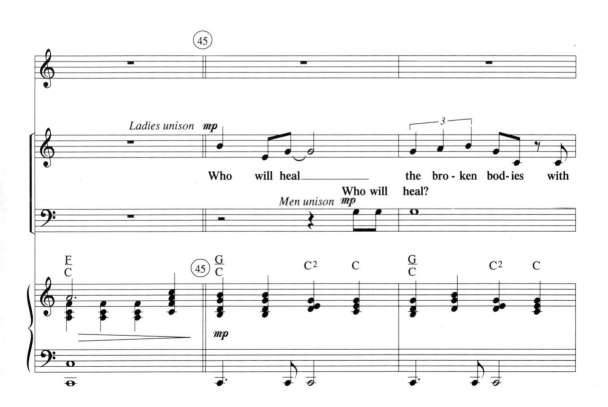

be_____ re - born in the man - ger of a hu - man heart?_____

Ah_____

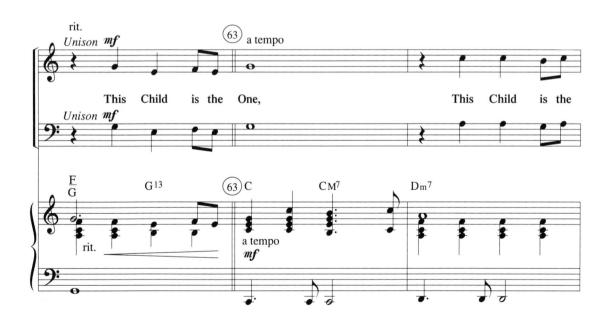

rit.
Unison **mf** 63 a tempo

This Child is the One, This Child is the

Unison **mf**

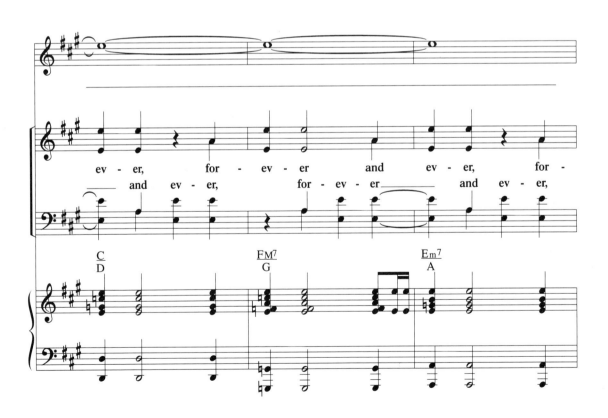

16

20

ISBN 083-419-4848

9 780834 194847